Mon CARNET pour ALLER BIEN

Activités créatives pour trouver l'inspiration

Traduit de l'anglais
par Mathilde Paris

En soutien à
mind
for better mental health

L'argent récolté grâce aux ventes de ce livre (pour un minimum de £5 000) fera l'objet d'un don à l'association, déclarée en Angleterre et au pays de Galle (numéro 219830).

MICHAEL O'MARA BOOKS LIMITED

Titre original : *THE WELLBEING JOURNAL – CREATIVE ACTIVITIES TO INSPIRE*
First published in Great Britain in 2017
by Michael O'Mara Books Limited
9 Lion Yard
Tremadoc Road
London SW4 7NQ

Designed by Claire Cater
Illustrated by Kirsten Sevig

ISBN : 978-2-266-32892-0
Dépôt légal : mai 2023

Composition et mise en pages
Nord Compo à Villeneuve-d'Ascq

Imprimé en France par Estimprim

Mon CARNET pour ALLER BIEN

Ce journal appartient à

Mon carnet pour aller bien a paru aux éditions Michael O'Mara Books afin de faire connaître et de récolter des fonds pour l'association Mind, dédiée à la santé mentale. L'argent récolté grâce aux ventes de ce livre (pour un minimum de £5 000) fera l'objet d'un don à l'association, déclarée en Angleterre et au pays de Galle (numéro 219830). Mind défend l'idée que personne ne devrait se retrouver seul face à ses problèmes de santé mentale. Nous sommes là pour vous. Aujourd'hui. Maintenant. Nous sommes sur votre palier, au bout du téléphone ou en ligne. Que vous soyez anxieux(se), déprimé(e) ou en situation de crise. Nous sommes à votre écoute, vous soutenons, vous conseillons et combattons à vos côtés.

Pour nous joindre : +44 0300 123 3393
Ou par SMS : +44 86463
De 9 h à 18 h, du lundi au vendredi
(heure anglaise, hors jours fériés)

info@mind.org.uk
Trouvez le centre le plus proche de chez vous sur mind.org.uk/localmind

Introduction

La vie peut parfois sembler assez compliquée. Trouver du temps pour soi relève de l'exploit quand il y a tant de choses à faire. Mais nous méritons toutes et tous de nous sentir bien, et le but de ce petit livre est de vous aider à trouver le bien-être. Voici un endroit où vous pourrez acquérir de la force, de la perspicacité, apprendre à mieux vous connaître, à vous exprimer avec plus de liberté et à vous reconnecter à votre créativité. À vous d'en faire ce que bon vous semble – agenda, carnet de croquis, pense-bête, dessous de verre… Peu importe, pourvu que ça vous plaise et que ça vous aide !

Ne plus avoir peur.

Retrouver ma spontanéité.

Faire ce que j'aime.

M'ouvrir aux autres.

Profiter et faire profiter.

Une touche de couleur

Colorier est un moyen simple et apaisant de prendre du temps pour soi. Cet exercice peut être intéressant si vous avez du mal à déconnecter, car il permet à l'esprit de ralentir et d'être absorbé sans être mis à rude épreuve.

Faites le test avec le motif ci-contre. Prenez le temps de sélectionner les couleurs que vous voulez utiliser. Puis prenez une minute ou deux pour observer les subtilités du dessin. Quand vous êtes prêt(e), commencez à colorier.

« Adoptez le rythme
de la nature : son secret
est la patience. »

Ralph Waldo Emerson

Détendez-vous

Quand vous êtes stressé(e), vos muscles peuvent être contractés et tendus. Cet exercice peut vous aider à observer les tensions dans votre corps et à relâcher vos muscles.

Allongez-vous. Vous pouvez aussi rester assis(e) avec le dos bien droit et les deux pieds posés au sol. Fermez les yeux ou bien fixez un point loin devant vous.

Commencez par contracter vos orteils aussi fort que vous le pouvez pendant quelques secondes puis relâchez. Observez la différence entre les deux sensations.

Ajoutez la respiration à cet exercice. Contractez tous les muscles en inspirant et relâchez-les en expirant.

Faites la même chose en remontant de vos orteils vers votre tête, en contractant puis en relâchant vos cuisses, votre ventre, vos épaules, vos mains… Prenez le temps d'observer les parties de votre corps qui sont tendues, crispées ou fatiguées. Vous pouvez répéter toutes ces étapes si vous en ressentez le besoin.

Prenez un moment pour vous détendre puis, lentement et doucement, commencez à bouger. Quand vous êtes prêt(e), vous pouvez vous relever en douceur.

Soyez créatif(ve)

Faire quelque chose qui en appelle à votre créativité peut vous aider à vous sentir plus calme et apaisé(e). Cela vous permet de :

Vous distraire de vos pensées stressantes ;

Vous donner un moyen d'exprimer vos émotions ;

Stimuler vos sens.

Libre à vous de peindre, dessiner, faire des activités manuelles, jouer d'un instrument, danser, faire de la pâtisserie ou de la couture… La clef réside dans le fait de profiter du moment sans trop s'inquiéter du résultat.

Accorder, ne serait-ce que quelques minutes, à une activité créative suffit à faire la différence. Essayez d'utiliser les formes ci-contre pour griffonner ce qui vous passe par la tête.

« J'ai découvert
que je pouvais dire des choses
avec des couleurs et des
formes que je ne pouvais pas
exprimer autrement. »

Georgia O'Keeffe

Qu'est-ce qui vous procure de la joie ?

La vie peut être mouvementée, et beaucoup d'entre nous pensent qu'il est difficile d'y intégrer ce qui nous procure de la joie. Nous concentrons notre énergie sur ce que nous avons à faire et non pas sur ce que nous voulons faire. Et quand nous disposons d'un peu de temps pour nous-même, nous ne lui accordons pas toute l'attention ou le respect qu'il mérite.

Qu'aimez-vous faire ? Ce peut être voir des ami(e)s, préparer un bon repas ou simplement savourer un bon livre. Ou encore faire quelque chose en extérieur, comme marcher ou partir à l'aventure. Prenez le temps à présent de penser à ce qui vous fait du bien et établissez une liste. Ensuite, programmez le moment où vous allez pouvoir faire tout ça.

- Marcher
- Jouer (avec ma fille)
- Voyager

- Lire
- Regarder la télé avec mon Fabio
- Faire de la pâtisserie
- Faire du shoping entre filles
- Prendre le petit-déjeuner dehors

Astuces

Ce que nous aimons faire peut changer avec le temps, il est donc important de vous donner l'espace nécessaire pour réfléchir à ce qui vous a récemment apporté de la joie.

▪

Il peut être utile de réfléchir à la raison pour laquelle vous appréciez ces choses-là. Est-ce parce qu'elles sont réconfortantes, créatives ou dynamiques ? Que pourriez-vous essayer d'autre qui vous procurerait un tel sentiment ?

Comment allez-vous ?

Comment vous sentez-vous à ce moment précis ? Pouvez-vous décrire votre état ? Poser une couleur dessus ? Une forme ? Pouvez-vous la dessiner ?

Astuce
Si improviser un dessin vous semble compliqué, utilisez ces formes pour vous donner l'impulsion.

« Les arbres tardifs sont ceux qui portent les meilleurs fruits. »

Molière

Faites une pause

Quand vous vous sentez tendu(e), faire une pause peut avoir un impact surprenant en diminuant votre stress et en vous rendant plus efficace pour affronter les tâches à venir.

Essayez de donner à votre pause un objectif de détente pour éloigner votre esprit des soucis éventuels. Une petite marche peut suffire, mais vous pouvez aussi écouter vos chansons préférées. Montez le volume et dansez en chantant, ou bien mettez vos écouteurs et fermez les yeux. En vous concentrant vraiment sur la musique, pouvez-vous identifier différents instruments ? Pouvez-vous entendre un battement de tambour ou une rythmique particulière ? Concentrez-vous sur la musique et laissez tout le reste disparaître.

En parallèle, si vous avez assez de temps, n'hésitez pas à colorier le motif ci-contre.

Organisez votre temps

Apporter quelques ajustements à la façon dont vous organisez votre temps peut vous aider à retrouver le contrôle de vos différentes tâches à effectuer et à mieux gérer la pression.

Identifiez le moment de la journée qui vous convient le mieux – que ce soit le matin ou le soir – pour effectuer les tâches qui vous demandent le plus d'énergie et de concentration.

Faites une liste de tout ce que vous avez à faire par ordre d'importance et essayez d'identifier ce qui est le plus urgent. Si vos tâches sont professionnelles, vous pouvez demander à votre supérieur(e) ou à un(e) collègue de vous aider à établir des priorités. N'hésitez pas à repousser certaines activités jusqu'à ce que vous vous sentiez prêt(e) à les faire.

Diversifiez vos activités. Équilibrez les tâches intéressantes avec celles qui sont plus ordinaires, et les plus difficiles avec celles qui vous semblent plus faciles.

Ne faites pas trop de choses en même temps. Cela peut sembler évident, et pourtant, nous le faisons toutes et tous. Faire trop de choses en même temps peut à la fois vous empêcher de vous concentrer sur une seule activité, mais aussi accroître la sensation de pression.

Prenez des pauses et évitez de courir. Même s'il est difficile de ralentir parce que vous êtes stressé(e), faites-le pour être plus productif (ve).

« Au milieu de l'hiver,
j'ai découvert
qu'il y avait en moi
un invincible été. »

Albert Camus

Pensées et émotions

Chaque jour, cette semaine, remplissez une case avec une image de ce que vous ressentez. Commencez simplement par vous demander comment vous allez. À la fin de la semaine, regardez ce que vous avez écrit ou dessiné et prenez le temps d'analyser le changement de vos émotions.

Si vous trouvez cet exercice efficace, vous pouvez utiliser un calendrier ou un agenda pour noter vos émotions sur la durée.

À vos stylos !

La prochaine fois que vous ressentirez le besoin de vous détendre, essayez cet exercice de dessin. C'est simple et efficace !

1. Assurez-vous d'être assis(e) confortablement avec vos pieds bien ancrés au sol, votre dos bien droit et vos épaules relâchées.
2. Prenez votre stylo et dessinez un cercle le plus grand possible – ne vous souciez pas de la beauté du trait !
3. Continuez à dessiner. Vous pouvez repasser sur votre cercle, ou bien le remplir avec un motif, mais essayez de ne pas lever votre stylo pour qu'il reste toujours en contact avec le papier. Ne vous souciez pas de créer quelque chose d'abouti, ce qui compte, c'est de continuer.
4. Prenez le temps de regarder ce que vous êtes en train de dessiner.
5. Tout en dessinant, observez comment le stylo évolue sur la page : le son qu'il fait, comment la couleur apparaît quand vous dessinez vite ou au contraire quand vous dessinez lentement.
6. Prendre le temps de se concentrer sur ces sensations peut aider à apaiser votre esprit, comme le ferait la méditation.
7. Après quelques minutes, essayez avec une autre couleur ou un autre motif.

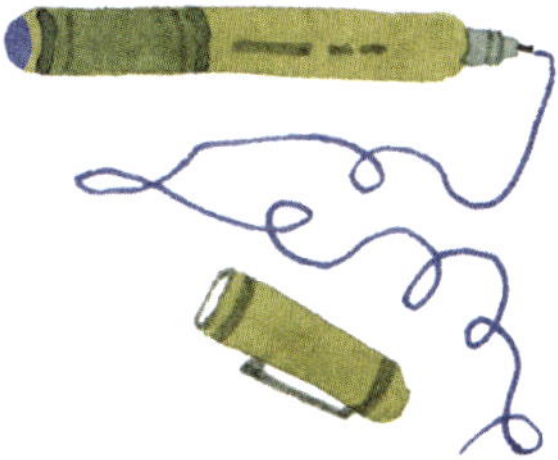

Astuces

Si vous avez tendance
à trop vous concentrer
sur la perfection de votre
dessin, n'hésitez pas
à utiliser votre autre main.

•

S'il vous semble difficile de
vous lancer, commencez
simplement par colorier
la page pour vous détendre.

« La créativité
est contagieuse.
Transmettez-la ! »

Albert Einstein

Le pouvoir de la nature

Passer du temps à l'extérieur, dans des espaces verts, peut vous faire du bien, physiquement et mentalement. Pour en retirer tous les bénéfices, vous pouvez :

Faire une balade à la campagne ou dans un parc près de chez vous en prenant le temps d'observer les arbres, les fleurs, les plantes et les animaux autour de vous.

•

Vous impliquer dans la conservation de la nature, que ce soit en jardinant ou en prenant part à un projet environnemental près de chez vous.

Si vous n'avez pas le temps d'aller en pleine nature dans l'immédiat, faites entrer le pouvoir de la nature chez vous en coloriant la page ci-contre grâce à différentes nuances de vert. Si vous n'avez qu'un seul stylo ou crayon vert, vous pouvez remplir les ramifications de l'arbre avec différents motifs comme des rayures, des points ou des hachures croisées.

« La Terre a sa propre musique pour ceux qui savent l'entendre. »

Reginald Vincent Holmes

De quoi vous sentez-vous reconnaissant(e) ?

Chaque jour, nous sommes confronté(e)s à des désirs qui nous sont imposés. Cela peut être une publicité pour une voiture à la télévision ou pour une vie parfaite sur les réseaux sociaux. Une image qui souligne ce que nous ne possédons justement pas. Faire le point sur ce que nous avons peut nous aider à nous recentrer sur les aspects positifs de nos vies et nous apporter de nouvelles perspectives. Que ce soit de la gratitude pour nos proches ou simplement la capacité d'apprécier l'odeur d'un bon café. Tout compte. Dessinez une chose (ou plus !) pour laquelle vous êtes reconnaissant(e) dans votre vie. Si la forme n'est pas évidente à retranscrire, essayez de dessiner quelque chose qui la symbolise.

« Personne n'est jamais
devenu pauvre
en donnant. »

Anne Frank

Stress : identifiez ce qui le déclenche

Travailler sur ce qui déclenche le stress peut aider à anticiper les problèmes et à réfléchir aux différentes façons de les résoudre. Même si vous ne pouvez pas éviter ces situations, être préparé(e) peut faire la différence. Prenez le temps de réfléchir aux événements et aux sentiments qui vous apportent du stress. Cela peut être :

Les problèmes qui reviennent régulièrement et qui vous inquiètent, comme payer une facture ou se rendre à un rendez-vous ;

•

Les événements ponctuels qui occupent votre esprit, par exemple déménager ou passer un examen ;

•

Les événements stressants continus, comme s'occuper d'un membre de la famille ou des problèmes récurrents au travail.

Écrivez vos propres déclencheurs ci-contre et commencez à réfléchir à des stratégies pour les désamorcer. Cela pourrait être aussi simple que d'utiliser les techniques de relaxation évoquées dans ce livre.

Astuces

Vous pourriez être surpris(e) de voir à quel point vous savez faire face.

•

N'oubliez pas que le fait de ne pas avoir assez de travail, d'activités ou encore de changements dans votre vie peut être tout aussi stressant que d'en avoir trop.

« Un peu de non-sens
de temps en temps est
apprécié des hommes
les plus sages. »

Roald Dahl

Faites un « Tech Check »

La technologie présente l'avantage de vous aider à vous sentir connecté(e), mais si vous l'utilisez trop, cela peut vous apporter un sentiment de surcharge et de stress. Faire une pause, même courte, peut vous aider à vous détendre.

•

Essayez d'éteindre votre téléphone durant une heure (ou toute une journée si vous en avez le courage).

•

Prenez vos distances avec la télévision, ou passez une soirée sans regarder vos mails ou les réseaux sociaux. Utilisez ce temps pour vous détendre et faire autre chose.

•

Identifiez les moments où vous regardez votre téléphone de façon automatique, par exemple quand vous prenez le métro, et essayez de faire autre chose à la place, comme écouter de la musique, lire, dessiner ou colorier.

« Dès l'instant que
l'on prête une attention
soutenue à toute chose, même
un simple brin d'herbe,
tout devient un monde en soi,
mystérieux, impressionnant,
indiciblement magnifié. »

Henry Miller

Faites une promenade en pleine conscience

Passez du temps dans la nature peut réduire le stress, l'anxiété et la dépression. Sans compter que l'exercice physique est un bon moyen de se détendre. Essayez cet exercice de pleine conscience lors de votre prochaine marche pour bénéficier au maximum de ce que la nature peut vous offrir.

1. Trouvez un espace vert. Quand vous y êtes, arrêtez-vous un moment et prenez une grande inspiration.
2. Commencez à marcher tranquillement – ne vous souciez pas de rejoindre un point précis rapidement.
3. Prêtez attention à chacun de vos pas. Identifiez quelle partie de votre pied touche le sol en premier, et ressentez le transfert de poids qui s'opère.
4. Pensez au reste de votre corps – comment vos bras sont-ils placés ?
5. Remarquez le sol sous vos pieds. Est-ce de l'herbe ou bien de la terre ? Est-ce que le sol vous semble mou ?
6. Écoutez les sons autour de vous – pouvez-vous entendre le chant des oiseaux, ou le vent qui souffle à travers les feuilles ?

Alternatives

Si vous ne pouvez pas aller dans la nature, ouvrez votre fenêtre et observez ce qui se trouve autour de vous. Y a-t-il des nuages dans le ciel ? Pouvez-vous voir des arbres ou des plantes ? Pouvez-vous sentir la pluie, le vent ou le soleil sur votre visage ?

•

Ou bien, simplement, adoptez une plante d'intérieur ! Prenez le temps d'étudier son odeur, sa forme et sa texture. Vous pouvez prélever un peu de sa terre et voir l'effet que cela vous procure.

« C'est un jour merveilleux.
Je ne l'ai jamais
vu avant. »

Maya Angelou

Serein(e) et tranquille

Voici une relaxation utile pour les moments où vous ne pouvez pas bouger facilement ou utiliser un stylo. Pour faire cet exercice, tout ce dont vous aurez besoin, c'est votre imagination. Fermez les yeux et laissez votre esprit vous emmener là où vous vous sentez apaisé(e).

Pensez à un endroit relaxant et paisible. Vous pouvez choisir un endroit où vous êtes déjà allé(e) ou bien un endroit imaginaire.

Pensez aux détails de cet endroit. À quoi ressemble-t-il ? Quel genre de couleur ou quelles formes voyez-vous ? Pouvez-vous percevoir des sons ? Fait-il chaud ou bien froid ? Laissez votre esprit divaguer et votre corps se détendre.

Plus tard, vous pourrez dessiner la scène sur la page ci-contre.

« Si vous entendez
une voix vous disant
"Vous ne pouvez pas peindre",
alors peignez
par tous les moyens
et cette voix se taira. »

Vincent Van Gogh

Foutez-vous la paix !

Apprendre à être bienveillant(e) avec soi-même peut aider à contrôler la pression que l'on ressent dans différentes situations.

Récompensez-vous pour ce que vous avez réalisé – même pour des petits choses comme finir un travail ou prendre une décision. Faites une marche, lisez un livre, offrez-vous votre plat préféré… Vous pouvez aussi simplement vous dire « Bravo ! ».

Quand vous ne vous sentez pas bien, relisez la liste que vous avez rédigée dans la partie « Qu'est-ce qui vous procure de la joie ? » et organisez-vous pour faire au moins l'une de ces choses dans les jours à venir.

Faites une pause ou partez en vacances. Le temps passé en dehors de la routine peut aider à se détendre et à prendre un nouveau départ. Passer ne serait-ce qu'une journée ailleurs peut vous aider à faire face.

Si vous le pouvez, résolvez les conflits. Même s'il est parfois compliqué de parler à son ou à sa chef(fe), à un(e) collègue ou à un membre de sa famille à propos d'un problème relationnel qui les concerne, cela peut vous permettre d'avancer.

Pardonnez-vous quand vous faites une erreur ou quand vous ne vous sentez pas à la hauteur. N'oubliez pas que personne n'est parfait et que mettre une pression supplémentaire sur vos épaules ne vous aidera pas.

Respirez !

Apprendre à respirer plus profondément peut être un moyen facile d'améliorer votre bien-être. C'est un exercice simple qui marche parfaitement quand vous passez une journée difficile et que vous ressentez le besoin de vous recentrer.

Inspirez par le nez et expirez par la bouche. Essayez de garder les épaules relâchées et placez votre main sur votre ventre : il doit se gonfler à l'inspiration et se creuser à l'expiration.

•

Comptez tout en respirant. Commencez par compter jusqu'à quatre en inspirant puis quatre en expirant, et déterminez ce qui est confortable pour vous.

•

Si vous disposez d'un peu plus de temps, vous pouvez passer au coloriage du motif ci-contre tout en gardant une respiration régulière.

« Quand votre esprit
se disperse, utilisez
votre respiration comme
un moyen de reprendre
possession de votre
esprit. »

Thich Nhat Hanh

Faites entrer la nature chez vous

Rapportez quelque chose de votre prochaine marche en pleine nature (que ce soit à la campagne, dans votre jardin ou à la mer), comme une feuille, une plume ou un caillou. Prenez le temps d'étudier ses couleurs, ses motifs et les différentes textures. Maintenant, prenez votre stylo et dessinez-le sur cette page. N'essayez pas de faire quelque chose de précis : ça peut tout à fait rester abstrait ou un peu hasardeux. La clef, ici, c'est de laisser tout que vous avez découvert sur cet objet pénétrer votre esprit et guider votre main lors du dessin.